von
Rüdiger Entreß

**Gedichte und Sprüche
die von Herzen kommen**

Ich....

Ich lernte dich kennen
ich fing an dich zu lieben
bekam Schmetterlinge in Bauch
alle Gedanken drehten sich nur um dich.

Doch bist du mir fern
DICH hätte ich gerne bei mir.
Wartend sitze ich vorm PC,
der Tag ist lang und ich vermisse dich so
sehr.

Keine anderen Gedanken als die an dich bei
Tag und bei Nacht.

Ich vermisse dich.

Liebe ist......

.... sich gegenseitig zu vertrauen

.... sich gegenseitig ehrlich zu sein

.... sich gegenseitig zu lieben

.... sich gegenseitig zu respektieren

.... sich gegenseitig zu akzeptieren so wie
man ist

.... für einander da zu sein

.... für einander einzustehen

.... sein Leben und die Liebe zu teilen

denn das ist wirkliche Liebe

So nah und doch so fern.....

du bist weit weg von mir mein Stern.
Wie gerne hätte ich dich bei mir.
Trostlos ist manchmal der Tag und die
Nacht.
Hätte ich sie doch so gerne bei dir verbracht.
Irgendwann wird der Tag kommen an dem
wir zusammen sind.
Ach wie sehr sehne ich mir diesen Tag herbei.
Wäre die Nacht und der Traum bloß schon
vorbei.
Dann wären wir endlich vereint.
In Liebe und Zweisamkeit.

Liebe ist.....

….. nicht immer einfach
….. nicht immer unkompliziert
….. einfach schön
….. die Begeisterung zu spüren
….. die Gefühle zu leben
….. sie zu teilen
….. aber auch manchmal Kummer und Schmerz
….. einfach die Zweisamkeit zu genießen
….. sich fallen zu lassen
….. aufgefangen zu werden
….. einfach schön.

Einfach schön.....

.... geliebt zu werden

.... gemeinsam zu träumen

.... alles miteinander zu teilen

.... auch mal man selbst zu sein

.... ist das Gefühl der Liebe

.... dein Duft

.... das verlangen

.... mit dir zu sein

.... zu Leben.

Ich Bereue nicht

Ich Bereue nicht das ich dich hab
kennengelernt und dich lieben lernte.

Du bist der Grund warum ich fröhlich bin,
Schmetterlinge im Bauch spüre, nicht
schlafen und essen kann, immerzu an dich
denke.

Du versüßt mir die Stunden auch wenn du
nicht da bist.
Ein schönes Gefühl zu wissen, geliebt,
akzeptiert zu werden.
Ich gebe dich nicht wieder her, den es fällt
mir von Tag zu Tag immer schwerer, nicht eine
Sekunde ohne einen Gedanken an dich zu
verbringen.

Die Tage werden immer länger, die Nächte
kurzer, die Sehnsucht immer größer bis ins
unendliche.
Bald sehen wir uns endlich wieder.

Ich Liebe Dich von ganzen Herzen

Die Zeit

Die Zeit ist wie Schall und Rauch wenn ich bei dir bin. Sie vergeht einfach zu schnell. Immer möchte ich bei dir sein, meine Gedanken und mein Herz sind es schon.

Bin ich nicht bei dir kann ich es nicht erwarten dich endlich wieder zu sehen. Voller Sehnsucht erwarte ich den Tag an dem es endlich soweit ist. Wenn der Tag immer näher kommt kann ich mich freuen wie ein kleines Kind was es nicht erwarten kann das endlich Bescherung ist.

Jeder Tag ohne dich ist ein verlorener Tag, jede Sekunde, jede Minute und jede Stunde ohne dich zu sein macht mich verrückt.

Ich bin dein und du mein, so soll es für immer sein.

Mein Herz

Mein Herz war schwer und auch leer.

Überschattet war es von Traurigkeit und Sehnsucht.
Doch dann passierte es aus heiterem Himmel, als wenn Dich ein Engel geschickt hat.

Du fülltest mein Herz mit Freude und die Traurigkeit verschwand. Das einzige was blieb war die große Sehnsucht nach dir.

Jetzt kann ich es kaum erwarten dich endlich zu sehen und in meine Arme zu schließen.

Ich möchte das Leben einfach nur mit dir genießen.

Von mir für dich ich liebe dich.

Ohne Worte

Wir verstehen uns ohne Worte, brauchen uns nur anzuschauen.

Wissen genau was wir meinen und wollen.

Verbringen unser Leben miteinander, lieben uns sind beieinander.

Verbringen viel Zeit und leben unser gemeinsames leben.

Zu Zweit.

Sehnsucht

Wenn du hast Sehnsucht dann denke an mich.

Wenn du traurig bist dann schicke mir eine Nachricht, damit ich dir ein Lächeln schenken kann.

Wenn du fröhlich bist denke an mich.

Wenn du müde bist dann träume von mir.

Wenn du das alles machen würdest, dann wären wir ein Paar.

Und gehen den Weg des Lebens gemeinsam.

Seit Stunden

Sitze schon seit Stunden vor dem PC und denke an
dich.

Was ist es bloß was mich an dir fasziniert?
Was mich immer an dich denken lässt?

Es ist deine ganz persönliche Art. Eine Art die ich sehr
mag und zu schätzen weiß.

Ein Gefühl gibst du mir von willkommen sein, liebe,
Verständnis, vertrauen, Ehrlichkeit und Geborgenheit.

Dieses Gefühl möchte ich niemals mehr hergeben.
Niemals mehr vermissen.

Niemals den Gedanken an dich verlieren, dich einfach
so lieben wie du bist.

Es ist schön wie du bist, du bist mein Sonnenschein im
dunklen, das Licht bei Tag, der Sauerstoff den ich zum
Leben brauch.

Einfach mein ein und alles.

Es ist wunderschön das es dich gibt.

Und dafür liebe ich dich.

Gefühl

Ich habe einen Menschen gefunden, mit dem ich
Reden, Lachen und ich denke auch weinen kann.
Er bedeutet mir schon sehr viel. Gesehen oder
getroffen haben wir uns noch nicht.
Doch irgendwann wird es passieren.
Ersehne schon den Tag an dem es kommen mag.
Vielleicht merkst du schon wie sehr ich dich mag, dass
ich dich vielleicht auch Liebe.
So ist es mit dem Gefühl. Man kann es nicht bremsen,
nicht stoppen, es ist einfach da.
Was soll ich machen, ich bin gefangen vom Gefühl,
dem Taumel der Liebe.
Ich möchte dir so viel Liebe schenken, dich aber darin
nicht ertränken.
Lass uns gemeinsam das Spiel des Lebens beginnen
und auch irgendwann im hohen Alter beenden.
Sollte alles nur ein Traum sein?
Fühlst du, Spürst du meine Empfindungen, meine
Liebe?
Ich weiß es nicht, denn du sagst es nicht.
Aber eines kannst du dir gewiss sein, ich bin dein zu
jeder Zeit.
Werde treu, ehrlich, verständnisvoll sein.

Nur lass mich sein dein, ganz allein.

Einsam

Einsam und verlassen sitze ich hier und habe meine Arbeit fertig.

Kann es nicht lassen ständig an dich zu denken.

Kann es nicht lassen dir meine Gefühle, Liebe zu sagen, denn zeigen kann ich sie dir noch nicht.

Jeder Tag ist hart ohne dich. Denn jeder Tag ohne dich ist ein verlorener Tag für mich.

Bald sehen wir uns und kann in deine schönen Augen schauen und dir sagen, dass ich DICH liebe.

Gedanken an Dich

In deinen Armen liegen und wissen,
nicht bleiben zu können.
In deinen Augen versinken und wissen,
wieder auftauchen zu müssen.
In deiner Nähe ertrinken und wissen,
doch nicht daran zu sterben.
Sich dir öffnen und wissen,
nicht ausgeraubt zu werden.
Das mag wohl Liebe sein.
Liebe die ich zu dir empfinde ist echt und
doch irgendwie schön.
Diese Liebe die ich empfinde kannte ich vorher
noch nicht. Was mag es wohl sein?
Einfach das wundervollste Gefühl und
Empfinden auf dieser Welt.
Mit keinem Geld zu bezahlen und doch so
schwer zu finden. Ich musste in die Ferne
schweifen um das naheliegende zu finden.
Nun ist diese Liebe da und ich lasse diese
nicht mehr ziehen. Du bringst mich zum
Lachen, Nachdenken und auch Dichten.

Danke das es DICH gibt, ich liebe dich
dafür

Du

Du bist einfach einzig aber nicht artig, einfach ein
Traum
können träume Wirklichkeit werden?
Wenn ja dann zeige mir den Weg zur Wirklichkeit

Du bist wie ein Engel, mit deinem wundervollem
Lächeln, deiner wundervollen Art
wie du lachst so erreichst du mein Herz
ein schöner Moment ist wie eine Reise durch die
unendliche Zeit

Du kannst mich lassen wie ich bin, kann sein wer ich
immer war
einfach wunderbar wie du zu mir bist

Du bist der Mensch dem ich mein Leben nicht nur
opfern sondern schenken möchte
die ganze zeit mit dir verbringen bis in die Ewigkeit

Du bist der Mensch den ich liebe, den ich vermisse der
mir wirklich am Herzen liegt
einzig und allein werde ich sein dein, solange du es
willst

Ich Liebe Dich so wie du mich

Ein Leben wie im Traume

Ein Leben wie im Traume, doch sind Träume schäume?

Werden diese Wirklichkeit oder ist es nur Wunschdenken?

Der Tag zieht sich hin und in Gedanken bin ich doch ganz woanders.

Ich träume vom Glück, kommt diese denn mal zu mir zurück?

Mein Herz zu verschenken, schön daran zu denken.

Sich zu öffnen, sich zu lieben.

Sich gegenseitig zu Respektieren.

Ja das wäre schön, doch das Glück lässt auf sich warten.

Gedichte, ein Ausdruck von Gefühl der Sehnsucht welches in der Seele und dem Herzen ruht.

Ein Leben halt wie im Traume.

Kalte Jahreszeit

Kalte Jahreszeit, warme Gedanken die sich um die liebste ranken

Vermissend und verzehrend, immer begehrend

Die liebste ich einst fand, mit der ich gehe Hand in Hand

Gemeinsam in die Zukunft, Pläne schmiedend gemeinsam und nie einsam

Eine Sehnsucht, ein Verlangen, so gerne möchte man es erlangen was man so sehr ersehnt.

Gemeinsamkeiten entdecken, sich niemals verstecken, das Leben genießen gemeinsam niemals einsam durchs Leben gehen, sich gut zu verstehen, glücklich zu sein, sich gegenseitig zu beglücken, das kann das Herz nur entzücken

Durchs Leben gehen sich verstehen, Hand in Hand, bis ins hohe Alter ist das Streben nach dem gemeinsamen Glück

Ich möchte dich

…….. niemals bedrängen
…….. nicht in eine Ecke zwängen
…….. niemals verletzen
…….. nicht durch die Gegend hetzen
…….. immer berühren
…….. egal was es ist immer lieben
…….. niemals auf die Seite schieben
…….. immer ehren
…….. niemals verlieren
…….. sein immer dein von Herzen

Liebe die man schwer findet

Liebe die man schwer findet, doch gerne an
sich bindet, hält man fest wo man nur kann,
doch irgendwann ist sie doch fort .
Zu fest gebunden die Liebe, erdrückt mit
Gefühlen, versunken im Dämmerschlaf.
Hätte ich es nur anders gemacht, wäre
vielleicht auch die Liebe noch bei mir.
Nun ist sie verloren, kommt nicht wieder
zurück, ich werde noch verrückt
Lässt sich auf etwas anderes ein, versucht
den Fehler nicht noch einmal zu begehen,
doch dann bleibt die eigene Liebe einfach
alleine stehen.
Sie wird alleine gelassen, einfach nicht
angenommen, man ist davon so richtig
benommen.

Wir würden sein, glücklich und zufrieden.

Liebe geht durch den Magen

Liebe geht durch den Magen, da kannst du jeden fragen.
Liebe ist nicht nur ein Geschenk, sie muss gepflegt werden
Liebe ist das was man für einander empfindet
Liebe ist nicht nur ein Gefühl, das ist etwas besonderes
Liebe ist das was ich für dich empfinde

Liebe

Liebe, nur ein Wort, eine Empfindung, ein Gefühl

Nein es ist viel mehr, jemanden zu vermissen, die Stimme voller Sehnsucht zu erwarten, es kaum erwarten können das eine Nachricht kommt, kaum schlafen zu können, wenig Essen zu können, stetig daran zu denken, nur von demjenigen zu Träumen, die schönsten Gedanken zu haben, denjenigen spüren zu wollen, zu küssen, einfach nur in der Nähe wissen, ehrlich und Treu demjenigen über zu sein, die vollkommene Ehrlichkeit, Gefühle zu zeigen, miteinander Gefühle zu Leben Nur das alles zusammen ist wirkliche Liebe, nicht nur ein Wort, eine Empfindung oder ein Gefühl

Sehnsucht

Es vergeht keine Sekunde in der ich nicht
Sehnsucht habe nach dir
Sehnsucht die mich zerreißt, Sehnsucht die
mich innerlich verbrennt
Wann wirst du dieses Feuer löschen, mich
retten vor dieser Qual
Sehnsucht ist es die ich habe nach
dir..................rette mich

Du

Du bist der Mensch der mir wichtig ist
Du bist der Mensch dem ich mein Herzchen
schenke
Du bist der Mensch mit dem ich die Zeit
verbringen möchte die mir noch bleibt
Du bist der Mensch den ich ersehne
Du bist der Mensch mit dem ich alt werden
möchte
Du..........ja genau dich meine
ich....................................liebe ich

Liebe mich

Liebe mich doch verletze mich nicht

Liebe mich und sei ehrlich zu mir

Liebe mich und habe vertrauen in mich

Liebe mich und sein bei mir

Liebe mich und sage es mir

Liebe mich so wie ich bin

Liebe mich und ich werde dich lieben bis ans
ende unserer Tage

Gefühle

Gefühle sind da um sie zu zeigen, sie zu leben, sie zu fühlen

Gefühle soll man teilen

Gefühle sind es die mich voran treiben, mich schreiben lassen

Gefühle sind es die mich dich lieben lassen

Gefühle kann ich nicht abstellen

Gefühle sind einfach da

Gefühle können mich weder bremsen noch aufhalten

Gefühle lassen mich mein Ziel erreichen

Gefühle die habe ich und sie sind einfach da

Warum......

…........bin ich so wie ich bin
…........bin ich nicht anders
…........bin ich so geworden

Zu viele fragen und zu wenige antworten

Doch will ich versuchen dieses zu ergründen

Ich bin wie ich bin, weil ich so gemacht
wurde

Ich bin nicht anders, weil ich das nicht sein
will, denn so wie ich einmal war will ich nie
wieder sein

Ich bin so wie ich bin, weil ich mich dafür
entschieden haben, ich könnte auch anders
sein

Darum bin ich jetzt so wie ich bin und ich
werde immer versuchen nie wieder anders zu
sein

Schlafen

*ja das würde ich mal, doch der Kopf brennt,
jeder Gedanke rennt, er will raus und so
langsam wird es für mich ein Graus.*

Wo ist der Schalter, ja der wurde vergessen

Keine Chance dem zu entfliehen

**Hilfe, ich will doch nur etwas Schlaf, nur
nicht dran zu denken**

Gedanken

Gedanken die sich nur um dich drehen, sie wollen nur das du sie verstehst, sie einfach hörst und in deinem Herzen lässt.

Gedanken mache ich mir auch das ich alles Zerstören könnte, doch dann werde ich mich hassen.

Gedanken kann ich nicht so lassen, ich muss sie teilen, mitteilen, raus lassen bevor sie mich zerstören, anders kann ich nicht.

Verzeih mir für diese vielen Gedanken

Mein Herz

Ich öffnete dir weit mein Herz, doch es traf mich nur der Schmerz.

Treffen werden wir uns nie, was ich mir nie verzeihen werde.

Du hängst in etwas fest, das gibt mir ziemlich den Rest.

Löse diesen Bann, weil es zwischen uns schön begann.

Willst du nicht glücklich sein mit mir?

Dann sage es mir.

Schmerzen im Herzen, die mich leiden lassen.

Schmerzen die mich verzweifeln lassen.

Gestorben ist nun ein Teil von mir.

Dabei liebe ich dich doch so sehr

Leuchtende Sterne

Leuchtende Sterne, strahlendes Herz, weg ist
doch der ganze Schmerz

Die Zeit ist reif zu beginnen etwas neues,
darum steh auf und fange an

Nichts ist so schön was jetzt neu beginnt

Gehe hin und freue dich wie ein kleines Kind

Schaue mit Freude in die Zukunft und habe
keine angst

Der Engel den du fandst wir dich leiten, dich
begleiten eine zeit lang

Ein Engel

Ein Engel nahm dich an die Hand
führte dich auf einen anderen weg
nimm dieses Geschenk an und befreie dich
von dem was dich unglücklich macht
nimm es in die Hand und gehe diesen neuen
weg

Vermisse mich nicht

Vermisse mich nicht wenn ich gehe, denn ich könnte nie wieder kommen.

Vermisse und weine nicht um mich wenn ich sterbe, denn dann ist meine Zeit reif gewesen und ich bin an einem Ort wo alles anders ist und wir uns irgendwann wieder sehen werden.

Behalte mich immer in Erinnerung wie ich war und wie du mich gesehen hast.

Ich werde immer bei dir sein, in deinem Herzen.

Eine Liebe

Eine Liebe so rein und schön, hatte ich noch
nicht gefunden. Einfach schön,
unbeschreibliche Gefühle machen sich breit
und lassen mich nicht mehr los. Eine Liebe
die auf Gegenseitigkeit beruht, wachsende
Sehnsucht, ein Gefühl was ich nicht kannte
und nun erleben darf.
Diese Liebe ist so unbeschreiblich schön, das
ich dafür bete, diese nie zu verlieren.
Eine wundervolle Frau, die mir alles gibt
was ich mir mein Leben erwünscht habe. Ist es
ein Traum? Nein ich denke nicht, es ist einfach
wundervoll.
Liebste ich danke dir dafür von ganzen
Herzen.

Engel

die stillen Begleiter die uns auf unserer Reise in
diesem Leben stetig begleiten.

Wir sehen sie nicht, doch sind sie immer da., Sie
haben doch Menschen die Ihnen behilflich sind.
Manche erkennen sie nicht, doch sie werden als
liebe, nette Menschen angesehen. Sie helfen
einfach und wenn man ihnen danken will, ist es
für diese Engelshelfer selbstverständlich dieses
zu tun.
Sie wollen keinen Dank, denn sie tun es, einfach
so, ohne Gegenleistung und ohne Dank.
Doch sind sie weit aus mehr.
Sie sind einfach da, tauchen einfach so in einem
Leben eines anderen Menschen auf und nach
getaner Arbeit verschwinden sie wieder, so wie sie
kamen.
Sie sind die Engelshelfer.
Haltet die Augen offen, denn ihr könntet schon
solch Menschen schon begegnet sein.
Vielleicht merkt ihr erst jetzt, das mal ein
Mensch dort bei euch war.
Behaltet ihn in eurem Herzen.

Schenke mir

Schenke mir deine Liebe und ich schenke dir
mein Herz.

Das was ich Dir versprechen kann ist, dass
ich dich immer lieben werde.

Dir immer Treu und ehrlich bin. Dich immer
respektiere, so wie Du mich respektierst.

Doch eine bitte habe ich an Dich, zerbreche
nie mein Herz.

Meine Liebe zu Dir wird unendlich sein.

Fragen

Fragen die einen bewegen, doch gibt es keine
antworten darauf.

Wie soll man diese Fragen klären?

Sie so stehen lassen und warten, das sie sich
von alleine klären?

Gedanken die sich um so vieles Ranken, doch
eine Lösung ist nicht in Sicht.

Doch irgendwann kommt von irgendwoher
ein Lichtlein her, was einem die Gedanken
erklärt.

Ich wünschte

….......... Du würdest mir deine Liebe schenken.

…......... wir beide würden zusammen sein

*…......... wir gingen den Weg des Lebens
gemeinsam und nie einsam*

*…......... vertrauen uns und lieben uns bis ans
Ende unserer Tage*

*Alles wünsche die ich habe doch vergaß ich
was du dir von mir wünscht.*

Empfindest du vielleicht genauso?

*Dann lasse es mich wissen, denn ich vermisse
dich jetzt schon.*

*Lass uns unser Leben teilen und alles
gemeinsam meistern.*

Der Schlüssel zu meinem Herzen

Du hast etwas gefunden was ich den
Schlüssel zu meinem Herzen nenne.
Das was ich im Moment empfinde, ist etwas
was ich schon sehr lange nicht mehr fühlte.
Eigentlich hatte ich geplant dieses nicht
mehr zu zu lassen, weil es teilweise doch zu
schmerzhaft gewesen ist.
Etliche und schmerzhafte Enttäuschungen
liegen hinter mir, viel Schmerz im Herzen und
in der Seele.
Doch irgendwie hast du den Schlüssel zu
meinem Herzen gefunden und es ist ein
wunderbares Gefühl.
Wenn du es willst nutze den Schlüssel zu
meinem Herzen, doch zerbreche es nicht.
Das ist die einzige Bitte die ich an dich habe.
Liebe die gegeben wird und die man gibt , ist
das schönste auf dieser Welt.
Gemeinsam und nie einsam, wie in guten und
schlechten Zeiten, bis ans ende unserer Tage.
Das ist das was ich mir wünsche.

Liebe ist............

….................... das was ich für Dich empfinde

….................... dir mein Herz ganz und gar zu
schenken

….................... immer zu an Dich zu denken

….................... Dich zu vermissen

….................... immer für Dich bzw. Euch da zu
sein, egal was passiert

….................... einfach wundervoll, wenn diese
auch erwidert wird
….................... für mich das schönste und beste
auf dieser Welt

das alles was ich nur sagen und empfinden
kann, doch die wirklichen Worte dafür kann
man nicht wirklich finden.

Es ist einfach so wie es ist. Wundervoll

Liebe mich

Liebe mich so wie ich bin, mit meinen Fehlern,
Ecken und Kanten.

Das was ich dir versprechen kann ist, Dich
immer zu lieben, zu dir zu stehen, hinter dir zu
stehen bei allem was kommt.

Immer für dich bzw. euch da zu sein.

Dir meine Treue auf ewig zu geben. Dich zu
lieben so wie du bist, egal welche Zeiten
auch anbrechen mögen oder auch kommen.

Dir mein Leben und Seele zu geben bis ans
Ende unserer Tage.

Meine Liebe

Meine Liebe zu Dir wächst von Tag zu Tag mehr.
Der Wunsch bei Dir zu sein, mit Dir zu kuscheln, Dich zu küssen, wird
es nur ein Wunsch bleiben?
Oder wird er doch noch wahr? Dich zu treffen wäre Himmlisch, Dich
zu Lieben Göttlich.
Sehnsucht nach Deiner Liebe, Geborgenheit, Zärtlichkeit, sie wächst
und die Gedanken an Dich geben mir das Gefühl, das mein Kopf
zerspringt.
Bitte sage mir doch einfach ob Du genauso fühlst, denkst,
empfindest.
Vielleicht sehe ich aber auch nur die versteckten Zeichen nicht, die
Du mir aussendest.
Ein Wunsch, ein Traum, wird es nur dabei bleiben oder wird dieser
doch wahr?
Zu viele fragen, u wenige antworten.
Doch der Wunsch, Traum, Gedanken, Verlangen, Sehnsucht bleibt und
wächst von Tag zu Tag.
Damit möchte ich dir nur sagen, aus einem hab Dich lieb, wurde ein
ich liebe Dich.

Meine Liebe für Dich wird ewig Leben.
Nie wird meine Liebe für Dich vergehen.
Immer werde ich zu Dir stehen.

Jeden Tag werde ich auf Dich warten,
jeden Tag werde ich zur Tür schauen,
und hoffen das Du durch kommst.

Es gibt nur einen Menschen dem ich
meine Liebe geben möchte....

und das bist Du.

Keiner andere möchte ich haben,
keine andere soll meine Liebe haben.

Mein Herz gehört allein Dir und wird Dir auf ewig gehören.

Die Liebe

Die Liebe ist etwas was unser Blut in Wallung bringt, uns nach vorne bringt.

Sie beflügelt, gibt uns Kraft, wer hätte das gedacht.

Die Liebe die wir einem Menschen geben und zurück bekommen, ist einfach nur das schönste auf Erden.

Behalte deine Liebe immer im Herzen, pflege und hege sie.

Das ist das einzige auf Erden was uns nicht genommen werden kann.

Das Gefühl der Liebe, die Sehnsucht nach nähe, jeder kennt es, jeder will es.

Doch ist kaum einer bereit dafür zu Kämpfen und sie zu pflegen.

So wie der Mensch Pflege braucht, so braucht es auch die Liebe und die Beziehung.

Denke immer daran, auch wenn es dir noch so schwer fällt.

Denn das ist etwas was uns niemand nehmen kann.

Die Liebe und das Leben, kann es etwas
schöneres geben?

Glück und Harmonie mit einem geliebten
Menschen teilen?

Sich lieben, respektieren und stetig glücklich
zu machen?

Etwas schöneres als dieses kann es im Leben
kaum noch geben.

Drum schaue tief in dein Herz hinein und
sehe die Herrlichkeit der Liebe.

Lebe in Glück, Harmonie und Liebe
zueinander, bis in alle Ewigkeit.

Gedanken die einen durch Liebe begleiten,
das Herz höher schlagen lassen, Gefühle
und wärmende Gedanken breiten sich aus.
Ein Hochgefühl das niemals vergehen
sollte. Liebe so wie du noch nie geliebt hast,
Denke voller Liebe und Harmonie.

Das Leben wurde dir gegeben, mache das beste daraus.

Denn wenn die Liebe steht ins Haus, dann Liebe und werde geliebt.

Liebe, Glück und Harmonie sind das was du erstreben sollst.

Liebe deine Partnerin, denn es ist ein wunderbares Glück welches du erfährst.

Lebe mit Ihr in Harmonie und Respektiert euch.

Dann wird euer Leben und eure Liebe ein Leben lang in Liebe,Glück und Harmonie verlaufen, bis zu eurem Lebensende.

Zwei Menschen nahmen mich an die Hand und zeigten mir Dinge die ich schon vergaß.

Wie hatten Spaß und lachten viel und es war kein Spiel.

So schön und Wahr was an diesem Tag geschah.

Es zeigte mir, gemocht zu werden und zu Leben.

Mein Dank sei euch gewiss.

Ihr habt auf ewig einen Platz in meinem Herzen.

Und dieser Platz ist fest verankert.

Ich danke euch von ganzen Herzen.

Erwischt

Ich kann es nicht lassen und auch kaum fassen, die Liebe
hat mich erwischt auf kaltem fuße, Frau wie konntest du nur,
mich verführen, berühren, mich in den Strudel der Liebe zu
führen. Doch bin ich froh das du es bist, mein Herz ich liebe
dich

Wo die Liebe hinfällt

Wo die Liebe hinfällt bleibt sie meist auch liegen. Wenn du
sie findest und behalten magst dann nimm sie dir und
bewahre sie gut. Denn auch die Liebe ist wie ein Glas und
kann schnell zerbrechen. Nur wenn sie einmal richtig
zerbrochen ist, dann ist es wahrlich schwer diese wieder
zusammen zu fügen. Also nimm dich in acht und gebe fein
acht auf die Liebe die man dir schenkt.

Im Schlaf

Im Schlaf den Frieden finden, sich Nachts nicht seinen
Ängsten und Gedanken winden
Zu finden den seligen Schlaf in Ruhe und Zufriedenheit am
nächsten Tag erwachen
Schick dir einen Engel der über dich wacht und Wünsche dir
eine gute Nacht

Ich schicke dir

Ich schicke dir einen Engel, der dir einen Weg zeigen wird
um auch das Glück wieder zu dir kommen zu lassen. Nimm
dieses Geschenk von ihm und mir an, denn es wird dir Kraft
und neue Hoffnung geben

Das Leben

Das Leben ein stetiges Auf und Ab, Berg und Tal, die ewige
Achterbahn. Doch irgendwann hört dieses auf und wir
stehen an dem Punkt wo wir uns fragen je wirklich gelebt
zu haben

Sprüche

Wenn ich nur ein Lächeln auf dein Gesicht zaubern
kann dann
ist es schön zu wissen das du lächeln kannst

Die Rosen sind rot,
der Himmel ist blau,
ach Liebste wann wirst du meine Frau?

Ich kann es einfach nicht fassen, ich kann es nicht lassen,
das schreiben geht von der Hand ich lauf gegen eine Wand,
drum schreibe ich immer mehr über den kleinen Teddybär

Komm lass uns gehen gemeinsam, zu zweit oder auch zu viert in die Zukunft.
Lass uns Leben, nach anderen Dingen Streben gemeinsam und nie allein

Gegenseitiges geben und nehmen, Geborgenheit, was kann es schöneres geben als die Liebe die man von seinem Partner erhält. Ich bin dein, ganz allein, wenn du es nur willst

Die wahre Liebe sucht nicht aus, sie fragt uns auch nicht, ob wir sie wollen.
Die große Liebe, die große Kraft, der wir unterliegen...IMMER!

Das Wahre Leben besteht aus dem stetigem geben und nehmen. Jedoch niemals nur aus einem.

Verbringe Dein Leben so wie du es möchtest und nicht so wie andere es gerne hätten, denn Sie sind niemals den Weg gegangen den DU gingst

Auch wenn Du mal an dir selber zweifelst oder an der Welt oder an Gott, dann besinne dich auf das wesentliche im Leben.

Dein eigenes.

Nachwort

Dieses Buch ist den Menschen gewidmet, die mich Inspirierten, die mich Leiden ließen, dir mir MUT machten und die mich so lieben wie ich bin.

Habt vielen Dank!

Euer

Rüdiger Entreß

Die Liebe

Die Liebe ist wie ein Pflanze.

Auch sie muss gehegt und gepflegt werden.

Vernachlässigt man dieses,

so geht die Liebe schneller vorbei als diese anfing.

Drum merke:

Hege und Pflege die Liebe, denn DU

weißt nie wie lange

diese anhält!

Platz für Ihre Notizen und Gedanken:

Herstellung und Verlag:
Books on Demand GmbH, Norderstedt
ISBN 978-3-8448-0763-9